EL
PODER
DE UN
SUEÑO

CUANDO UN SUEÑO TIENE OPOSICIÓN,
PERO TÚ TIENES A DIOS

PEDRO LUIS
ADAMES VALDEZ

El Poder de un Sueño

T odo ser humano, está diseñado de una manera perfecta, lo observamos cuando sus órganos internos se enlazan con cada molécula y célula por muy pequeña que sea, para cumplir un propósito, mantener el cuerpo sano. Generalmente, nadie observa a primera vista su interior, esto sucede cuando algo ocasiona que un órgano sea expuesto.

Dios a todo ser humano, le ha dado un sueño, que en un momento específico de la vida es expuesto. *El Poder de un Sueño,* impulsa al lector a creer en sí mismo y a no desfallecer, aun cuando nadie más crea que es capaz de lograrlo.

Las temporadas difíciles permiten que broten los sueños implementados en el alma, pero el cuerpo y la mente, deben estar enlazados para cumplirlos.

En cada página, el Autor Pedro Luis Adames Valdez, recomienda estrategias que te ayudarán a lograr y conquistar tus sueños, porque Dios ya vio la realización de cada uno de ellos en ti, sin embargo, se requiere de valentía y pagar un precio, que no muchos están dispuesto hacer.

Un sueño, es como una perla preciosa, que en su momento está escondida, pero al encontrarse es de gran valor, tenga en cuenta que no están expuestas, hay que buscar profundo para obtenerlas.

Cada sueño se debe imaginar, visualizar, dibujar y accionar con fe, perseverancia, amor, oración y otras tácticas sugeridas por el Autor, ya que cada uno de los pasos se especifica en el libro, y te ayudarán a la búsqueda de tus sueños y hacerlo con sabiduría.

Por lo general, todo sueño tiene oposición, para los grandes soñadores alcanzar sus objetivos, tuvieron que tener autoridad, credibilidad, fortaleza, y aprender a callar ante la gente equivocada.

Dios, es quien nos relaciona con los grandes, guía y provee para cumplir nuestros sueños y se alegra cuando hemos logrado el objetivo principal... ¡servir a otros!

Sobre el Autor

Pedro Luis Adames Valdez, nació en Villa Altagracia, en un pequeño pueblo de República Dominicana. Es un emprendedor, esposo e hijo de Dios que ama servir a la comunidad. Su pasión, es derramar sabiduría mediante programas de memoria y consejería.

Actualmente, es Director y Fundador de la Escuela de Emprendedores de la Comunidad de La Fe, una escuela que forma personas con deseo de crecer en el área de los negocios.

A su vez, es el Fundador de la Fundación Evangelista Hno. Pedro Luis Inc, organización que apoya a comunidades e individuos de escasos recursos económicos.

Cabe destacar, que también fundó Dominican Republic Translators Team, con la finalidad de servir de manera ordenada a organizaciones que usa su servicio gratuitamente y ayudan a las diferentes comunidades de la República Dominicana. Hoy día sirve a grupos con la organización de un equipo de traductores y choferes, incluyendo proyectos comunitarios, aunado a ofrecer transporte, traductores y proyectos a organizaciones de más de 15 estados en Estados Unidos.

Si desea contactar al Autor:

Twitter: @pedroluisadamez

Facebook: Pedro Luis Adames Valdez

Instagram: autorpedroluisadamesvaldez

Página web: www.ministeriospedroluis.com

Si desea invitar al Autor a su próximo Evento

Envié un correo o carta de invitación a:

eventos@ministeriospedroluis.com

Descargue la App de nuestro Ministerio :

https://play.google.com/store/apps/details?id=com.ministerio-spedroluis.app

Términos y Condiciones

El escritor, se ha esforzado por ser lo más preciso y completo como sea posible para entregar a cada lector, un libro de mucha inspiración.

El autor no declara, ni garantiza, que este libro obtenga algún poder para transformar su vida, pero si propone que se pongan en práctica los consejos expresados aquí.

El propósito de este libro, es inspirarte y empoderarte, para que trabajes con energía fuerte cada día para lograr tus sueños.

Este libro no está diseñado para ofrecer asesoría legal, sino ser una fuente de inspiración y motivación para cualquier persona que lo lea.

Contenido

Antes de Comenzar
a leer este Libro

A ntes de comenzar a leer este libro, yo quiero hacer una oración por Usted:

"Padre Celestial, desde antes de la fundación del mundo, soñaste crear un mundo y a un ser que luego recibiría otro ser especial, la cual llamaste Eva.

Eres el dador de los sueños, por esta razón te presento en oración al lector, en cualquier parte del mundo que se encuentre, te ruego que lo ayudes a cumplir *sus sueños*.

Si hay desesperanza, que reciban la Esperanza, la Fe y las Fuerzas para seguir luchando por lo que aman.

Te pido finalmente que cada página de este libro los bendiga"

Amén.

Introducción

Si tienes un sueño, sigue leyendo este libro. Si existe algo grande dentro de Usted, siga leyendo este libro.

Este libro es para personas que tienen metas y objetivos en la vida. No hay excusas suficientemente razonables para la gente que sueña, esas personas que nunca se rinden.

Cada cierto tiempo, se cumple un sueño en aquellas personas que creen y se aferran a su fe. Si aún estas vivo, puedes hacer realidad tus sueños.

Si tienes hijos, aun así puedes cumplir tus sueños. Cada obstáculo o puerta cerrada, es una oportunidad para hacer realidad tus sueños.

Vamos a creer juntos, yo creo en Usted y en lo que puede lograr, recuerde que nació con un gran potencial. No permita que nadie le diga que no puede lograrlo.

Desde el capitulo 1 de este libro hasta el último, me enfoco en motivarle a vivir cumpliendo sus sueños.

Usted no vino a esta tierra a perder el tiempo, llego para tomar ventaja, aprovechar el tiempo y ganar en el Nombre de Jesús.

Lea este libro lentamente, disfrute cada frase, cada palabra y cada párrafo.

CAPÍTULO 1

Definición de un Sueño

"Nada sucede si primero no hay un sueño"
Carl Sandburg

Un sueño es la aspiración imaginativa, placentera, de algo que puede ser improbable que ocurra en el ahora, porque difiere de la realidad actual, pero pese a eso se persigue y se desea hacer realidad.

El Autor de Éxitos de Ventas, Chris Braddy, en su Libro "Construyendo Comunidades Compensadas" define un sueño como: "Algo que representa nuestro yo interior, que habla acerca de quiénes somos, y resuena hasta en la molécula más profunda de nuestro ser".

Si bien es cierto, un sueño es algo que deseas lograr o alcanzar. Cuando tienes la capacidad de imaginarlo, es entonces cuando lo sueñas, porque su origen está en la imaginación que nace en el alma.

Yo he tenido muchos sueños, pero quiero presentarles los más relevantes para mi vida; pude publicar mi Primer libro "Tiempos de Victoria" en el idioma ingles y luego en español y ha sido comprado por personas en Inglaterra, Brasil, Estados Unidos, Escocia y España.

Este sueño nació en medio de una temporada muy difícil en mi vida, donde la mayoría de las personas que me conocen pensaban que no sería capaz de vencer los diversos obstáculos y problemas que estaba enfrentando. Una de las dificultades más terribles que enfrente, fue la falta de fe en las personas que yo esperaba apoyo. Había conversado con algunos amigos sobre mi aspiración de escribir y publicar mi libro, pero a nadie parecía importarle mi sueño.

Cuando hay un sueño en tu alma, vendrán muchos enemigos en forma de amigos para matar el deseo en ti de luchar y hacer realidad tu sueño. Sin embargo, compartí algunas páginas del texto en ingles con un amigo de los Estados de América y él vio interesante dichos mensajes.

No te sorprendas si entre una multitud, solo una persona te dé un voto de fe a favor de tus sueños.

Finalmente, pude publicar el libro en versión inglés Times of Victory publicado por WestBow Press una división de Thomas Nelson y está disponible mundialmente en ese idioma en diferentes librerías digitales.

Para mí, siendo yo un joven de un pequeño pueblo llamado Villa Altagracia, donde viví muchas limitaciones, escribir un libro en el idioma ingles estaba fuera de mi alcance.

Posteriormente, lo presenté en los Estados: Nebraska, Michigan, Minnesota y el Sur de Carolina del Norte, logré firmar libros, ver la sonrisa en la cara de la gente y cuando reciben tú libro eso no tiene precio, el sentido de satisfacción que se siente es increíble.

Nadie creía que ese niño de mirada triste, cargaba con un sueño y mucho menos que trabajaría duro hasta hacerlo realidad.

Tuve el honor de publicarlo en español y alcanzó a ser el libro digital más vendido en Amazon México, siendo el primer dominicano en lograr semejante posición en el monstruo digital como lo es esa plataforma. Times of Victory, es el título original en inglés y este libro está disponible en Español, Portugués y Coreano.

La razón por la que escribo sobre este logro, es para despertar en Usted esa pasión y generar la energía que necesita para creer en sí mismo y en los sueños que porta su alma. Si por encima de mis limitaciones, Dios me honró con el poder de sobresalir, Usted también tiene sueños y los puede hacer realidad, así que arriba esos ánimos. Si Dios puso un sueño en su vida, es porque Él cree que tiene el potencial para correr y hacerlo realidad.

Muchas personas me preguntan ¿Cómo hago para hacer realidad mis sueños? y les contesto: Primero imagino lo que quiero, lo visualizo, luego hago un plan de acción y avanzo a la meta, la cual es la realización de mi sueño. De esta manera, pude lograr mi sueño de publicar libros, originalmente me imaginé con el libro en las manos y viendo a las personas de diferentes partes del mundo comprándolo, y consecutivamente comencé a trabajar para lograrlo.

PEDRO LUIS ADAMES VALDEZ

En otras palabras, un sueño es la gallina de los huevos de oro. Todos conocen esta leyenda, donde un campesino curioso de saber el cómo la gallina producía los huevos de oro, quiso matarla en búsqueda del origen del carísimo mineral del cual se formaban sus huevos, y al matarla se dio cuenta tristemente que ya no contaba con los huevos de oro. La gallina era el sueño y los huevos de oro el resultado del sueño. **"Un sueño es la semilla que Dios coloca en el alma de cada ser humano con el propósito de convertirlo en un ser de multiplicación".**

Los sueños se forman en el alma, y la mente es el procesador para la realización de ellos. Ahora bien, un sueño es único y especial, cada ser humano tiene una vida independiente, vive su vida y sus planes, desarrollándose de forma única y diferente a los demás. Cada sueño comienza de forma independiente, es de su propiedad y Usted es el administrador. Viva su sueño, no el sueño de los demás, por lo tanto, trabaje por su sueño, sacrifíquese por él y viva por él.

Tu Sueño y tu Lenguaje.

En relación al tema anterior, tu sueño debe estar atado a tus palabras y tus palabras deben reflejar tus sueños. No puedes tener un lenguaje diferente, ni debe estar distanciado de tu sueño, debes hablarlo, el lenguaje de un soñador es un lenguaje sin límites. Decrete sus sueños solo así sus sueños se podrán materializar.

CAPÍTULO 2

El Poder de un Sueño

*"Para lograr algo significativo todos necesitamos
un poco de imaginación y un gran sueño".*
- Norman Vincent Peale

No hay nada imposible para las personas que pueden soñar. Toda persona exitosa es soñadora. Es fácil predecir el futuro de una persona si encuentras en su alma los sueños que carga, ya que todo gran triunfo obtenido empezó primero con un sueño.

Cada ser humano es el nacimiento de un sueño. Muchas veces usamos este término, cuando queremos expresar sarcasmo ante el atrevimiento de algún individuo de desear cosas, que al parecer, están lejos de su alcance, por la realidad presente de tal persona. En todo caso, un sueño es la raíz de todo lo extraordinario en esta vida presente y en la venidera. Para que un sueño sea digno de ser portado tiene que tener grandeza y ser mayor que Usted, es decir, no cabe en su mente, porque es demasiado grande.

Un sueño debe de formular la siguiente pregunta ¿Cómo lo voy a lograr? y quiero darte buenas noticias ¡ya estas camino al éxito, si comenzaste a soñar!

Todo gran éxito comienza con un sueño, desde los grandes artistas hasta los más ricos emprendedores iniciaron con uno.

Cuando cursaba las clases del idioma ingles en la Universidad Evangélica (UNEV) vía el campus de Villa Altagracia, le hice una pregunta a mi profesor: ¿Cuando yo sabré que hablo inglés? y él me contestó: "Cuando seas capaz de soñar hablando en el inglés, entonces es porque ya en tú subconsciente has aprendido el idioma".

Es muy importante alimentar tu mente con los pensamientos correctos, especialmente los que están alineados a tus sueños. ¿Qué quieres alcanzar en la vida? Tienes que soñar. En otra época, fui víctima de fuertes burlas, cuando algunas personas me escuchaban hablar de mis aspiraciones y metas. Siempre vas a encontrar personas que van a tratar de apagar tu luz con sus oscuras negatividades, pero sigue adelante y no te rindas.

En una ocasión, alguien me dijo que yo no cumpliría o alcanzaría mis sueños, pero su comentario *fue* mi motivación más poderosa para seguir luchando. Siempre debes de estar preparado para no tomarlo a manera personal, cuando diferentes personas se presten para dudar de tus sueños. La gente no está obligada a creer en Usted, no obstante, crea por sí mismo en su sueño. Cuando las personas vean la firmeza de su fe y su persistencia, entonces comenzarán a creer, desafortunadamente muchos lo creerán una vez que hayas alcanzado tu sueño.

Asimismo, un sueño tiene el poder de cambiar vidas y construir almas extraordinarias. La salvación del alma es el resultado de un sueño de Dios. Nosotros somos seres humanos, capaces de soñar porque Dios es el soñador por excelencia y fuimos creados a su imagen y semejanza. En mi Libro Tiempos de Victoria hablo acerca del sueño de Dios, específicamente en el capítulo 16.

No lleves tu sueño a la tumba, porque su propósito es convertir tus más increíbles imaginaciones en realidades poderosas.

"Tu sueño es más poderoso que todo obstáculo".

CAPÍTULO 3

Los enemigos de tus Sueños

*"La posibilidad de realizar un sueño es lo que hace
que la vida sea interesante"*
Paulo Coelho

No solo debes soñar, sino también tener la valentía para recorrer el camino y cumplir tus sueños. En esta vida debes estar dispuesto a pelear contra las bestias que se levantan y causan guerras, para que no puedas cumplir y hacer realidad tus sueños, guerras que llegan con el propósito de distraerte y pierdas el enfoque.

A continuación, quiero hablar y alertar sobre los enemigos más comunes que persiguen tus sueños hasta lograr matarlos, como bestias contra el alma, otros autores como Brendon Burchard le llaman demonios del alma.

El enemigo de la "Procrastinación" es el primer agente más popular y que todos lo hemos enfrentado en alguna ocasión. La procrastinación es el hábito de retrasar actividades o situaciones que deben atenderse, sustituyéndolas por otras situaciones más irrelevantes y agradables. ¿Sientes alguna relación con esta definición?

Yo me siento relacionado, porque son muchas las veces que enfrento esta bestia feroz que me visita en el diario vivir. Si, de manera consciente o inconsciente nos inclinamos a dirigirnos a esas rutas menos extensas para lograr objetivos mediocres. Las Rutas son atajos atractivos y vamos cayendo en su tentación y así ignoramos nuestro destino extraordinario, reservado para los soñadores que no se paralizan y luchan hasta sacar del camino la famosa bestia de la procrastinación.

Enfócate en lo que quieres alcanzar, y no te distraigas con migajas cuando el destino te aguarda con abundancia.

Dilatar las acciones que potencialmente se dirigen al bienestar de tu familia, negocio y futuro no es sabio. Tome acción hoy mismo y comience a escribir esas metas, redefínelas y haga nuevas resoluciones que lo lleven a cumplir su sueño.

La procrastinación nos dilata en el camino a la realización de nuestros sueños. ¿Cómo vencer la procrastinación? Escriba en un papel las cosas más importantes en su vida para el día de hoy, una vez lo haya escrito, entonces trabaje en orden de prioridad y ejecute un plan de acción. Evite hacer primero esas cosas irrelevantes y comience con las que traen recompensa futuras y a largo plazo.

Aquellas cosas que producen placer y satisfacción para el hoy, pero no ayudan con su futuro, deben estar en segundo plano.

Con respecto al enemigo de la "Duda", es en absoluto una de las barreras más difíciles de vencer en el camino a cumplir tus sueños. La duda es el gusano mortal que come lentamente toda raíz de esperanza, logrando así, silenciar tu potencial. Un sueño es algo espiritual, por esta razón necesitas fe para hacerlo realidad.

La duda es lo contrario a creer, es el enemigo de la fe. Soñar es creer que puedes cumplir el propósito por el cual existes en esta tierra. La fe es la que mantiene vivo tu sueño y la duda llega para matarlos.

Aférrate a la fe y mata tus dudas con una dosis de esperanza.

CAPÍTULO 4

Ejercitando los músculos de tus Sueños

Muéstrame un obrero con grandes sueños y en
él encontrarás un hombre que puede cambiar la
historia, muéstrame un hombre sin sueños y en el
hallarás un simple obrero.
James Cash Penny

E jercitar los músculos de tus sueños, es llevarlos al gimnasio de la imaginación y la visualización.

Visualiza el cumplimiento de tus sueños todos los días, cada segundo, cada hora. Existe algo misterioso en la imaginación y visualización.

La imaginación, activa las regiones cerebrales que se movilizan al realizar una tarea tangible y real. También, precipita los mecanismos de recompensa. Los atletas profesionales usan la imaginación y así se preparan para ganar.

La visualización, la usamos más a menudo, por ejemplo: si vamos camino al trabajo y estamos llegando tarde, nos imaginamos el rostro de nuestro jefe y creamos las expectativas del lugar.

De la misma forma, al usar el poder de la visualización, nos vemos haciendo real nuestros sueños y cumpliendo con nuestras metas, ya que se activan las emociones positivas, ayudándonos así a enfrentar situaciones extremadamente estresantes y nos prepara para orientar nuestra conducta, con el fin, de realizar nuestros sueños.

¿Cómo usé la imaginación para cumplir mi sueño de publicar mi primer libro? ¿Cómo ejercite los músculos de estos sueños?

En cuanto a la imaginación, hice un uso profundo de ella, cada día me imaginaba regalando mi libro, o firmando libros en alguna parte del mundo. También me visualizaba recibiendo llamadas de diferentes personas, que me compartían de cuanto habían sido motivados por medio de la lectura de mis libros.

Ahora bien, tanto en la imaginación, como en la visualización, hacemos una película real en la mente, de cómo deseamos en el futuro que pasen las cosas. Es un ejercicio para fortalecer o hacer grande los músculos de nuestros sueños.

¿Cuáles son sus sueños? Visualícelo e imagínelo. Vaya a esos lugares donde Usted pueda ver aquello con lo que sueña, si es tener una mansión, vaya a un residencial, donde pueda ver y observar mansiones y así imaginar y visualizarse poseyendo su casa. También, puede reunirse y relacionarse con personas que son dueños de mansiones, esto le puede ayudar a comenzar a pensar como ellos y aprender los pasos que lo llevaron a tener tan hermosa propiedad.

Quizás, su sueño es ser un empresario exitoso, o un famoso emprendedor, es muy importante crear relaciones y conexiones con personas que ya hayan alcanzado ese nivel y así Usted poder emularlos.

CAPÍTULO 5

Atrévete a Soñar

"Un hombre que no se alimenta de sus sueños, envejece pronto". -William Shakespeare

L as personas extraordinarias son personas soñadoras. Soñar te hará sobresalir, brillar y ser un ejemplo de que Dios ayuda a la gente que le cree.

Los que se atreven a soñar, gozan de los resultados.

Me atreví a soñar y he disfrutado de los resultados. Si te enfocas en la recompensa, el sueño será más fácil de cumplir.

Desde mis Viajes a Centro América, Sur América y Estados Unidos he podido ver que no hay nada imposible si uno se atreve a soñar.

¿Por qué ser igual a todo el mundo? ¿Por qué permanecer indiferente a todas las oportunidades que nos ofrece el Creador de todas las cosas?

Soñar, es una oportunidad que nos ofrece el cielo de hacer algo diferente, que impacta las generaciones futuras y un legado pueda quedar detrás de nuestro caminar.

"Cuando te atrevas a soñar, volarás donde otros corren, caminarás donde otros se ahogan y tendrás éxito donde la mayoría fracasa".

"Emprende, genera, corre, la economía mundial la controlan los soñadores. Atrévete a soñar y así verás el poder que llevas dentro, Dios creó seres capaces".

CAPÍTULO 6

El Comienzo de tu Éxito

Tu sueño está más cerca de lo que puedes imaginar
-Mike Murdock

Todos quieren tener éxito, pero muy pocos se atreven a pagar el precio y parte de ello, ante cualquier arena de la vida, es perseverar e insistir en la realización de tus sueños, entendiendo que los obstáculos estarán presentes y con fuerza violenta lucharán para detenerte.

El paso número uno (1) para el éxito es soñar. No creo que la mayoría de los sueños que se han cumplido, o hecho realidad en mi vida, sea porque he aceptado el hecho de que tengo la habilidad de soñar. La pregunta del millón de dólares es: ¿Dónde comienzo? Mi respuesta es, todo comienza con un *sueño*.

Muchos individuos andan corriendo de arriba y abajo buscando la fórmula de tener éxito. Exitoso, es esa palabra que desean ser millones de personas en el mundo, la gente gasta miles de dólares en seminarios, buscando la magia que los lleve a tener éxito, pero la realidad, es que nadie que no sueñe, puede tenerlo y mucho menos si no se arriesga a pagar el precio.

Quien no se atreve a trabajar duro, no podrá nunca llegar a su destino para el cual fue diseñado. Deja de buscar la aprobación de los demás en el viaje de hacer realidad tus sueños.

Busca la paz interior, toca tu pecho al escuchar esos latidos. Cada latido, te dice que se puede hacer realidad cualquier sueño. Creer en tus sueños, trabajar duro, y perseverar, te ayudará a ver el cumplimiento de tus sueños.

El éxito, no tiene que ver nada con riqueza económica. El dinero, es una herramienta que podemos usar en el proceso de cumplir nuestros sueños, para bien o para mal.

La plenitud en la realización de tus sueños, la satisfacción plena en el interior, servir a los demás y ver sus vidas siendo transformadas, eso es éxito.

CAPÍTULO 7

Materializando tus Sueños

"La llave para realizar un sueño, no está en enfocarse en el éxito, sino en el significado. Entonces, aún los pequeños pasos y pequeñas victorias en tu camino tomarán mayores significados".-Oprah Winfrey

Para empezar, quiero darles 7 pasos que te pueden ayudar en la búsqueda de la realización de tus Sueños. A continuación:

1.-La fe

Es el primer paso, personalmente, la defino como la pasión invisible que nos empodera para seguir hacia delante, aun cuando nuestros ojos no pueden ver el camino.

La fe *tiene* el poder de mover los obstáculos de un lugar a otro, de limpiar tu camino y hacerte más fuerte.

Hay que mencionar además la Fe, para creer que Dios tiene todo bajo control, y para creer en Usted mismo, para luchar aun cuando pierdes las fuerzas. La fe que necesitas, es esa fe poderosa para mover las montañas que intentan impedir la realización de tus sueños.

2.- La perseverancia

Es consistencia, es persistir hasta lograr nuestro objetivo. Tener consistencia, es provocar acciones que nos acerquen más a nuestro propósito. La perseverancia nos conviene en personas maduras que no conocen la derrota, solo reconocen el camino de la victoria, saben que la derrota existe, pero no la ven como una posibilidad.

3.- El amor

El odio, es una energía que paraliza y envenena a quien lo porta. He entrevistado a muchas personas de alto rendimiento, y todos concluyen con la certeza de que no tienen espacio en sus corazones para odiar, han logrado amar aún sus propios enemigos.

El amor, es una pasión pura, que cura a quien la locura, sin aviso visita y deja sin cordura.

El amor, atrae todo los bueno, puro y afable que necesitas para cumplir con todos tus sueños.

4.-Decretar tus Sueños

Decretar, es vital en el camino de ver tus sueños hechos realidad. Mirarte en el espejo todas las mañanas y declarar en voz alta lo que vas a lograr, verás como cada día llegarán los recursos que necesitas para llegar a la cima.

5.- Escribir sus Sueños

Este es un ejercicio muy divertido, ya que te ayuda a recordar y afirmar el compromiso de cumplir tus metas. Al escribir sus sueños, se recuerda a Usted mismo que cada minuto, cada hora, cada día, es importante para hacer algo a favor de sus sueños.

6.-Orar por tus Sueños

Napoleón Hilen en su libro "Piense y Hágase Rico", nos habla de la importancia de orar cada día. La oración es imprescindible en el camino al cumplimiento de sus sueños.

Los soñadores son personas que oran, sabiendo que, quien puso los Sueños en su alma, también les ha dado el poder de cumplir sus sueños.

7.-Ayudar a otros a hacer realidad sus Sueños

Una de las características de las personas que ven sus sueños hechos realidad, es que son personas generosas y sin nada de egoísmos.

Son aquellas que toman de su valioso tiempo para ayudar a otros, ofrecen memoria a personas que la necesitan y hasta sacrifican sus finanzas para ver los sueños de otros hechos realidad.

No podrás hacer realidad tus sueños, si no eres capaz de ayudar a otros a cumplir los suyos.

CAPÍTULO 8

El Mapa de tus Sueños

"El futuro pertenece a aquellos que creen en la belleza de sus Sueños" -Eleanor Roosevelt

Es muy importante saber la dirección a dónde quieres llegar. Dibujar el mapa de tus sueños, es saber la dirección y el camino correcto para materializarlos.

Es por ello, que se requiere de tomar notas, dibujarlos, tener imágenes y retratos físicos en tu habitación, o en la nevera de tu casa, esto te ayudará bastante.

¿Qué quieres lograr?

Dibuja el mapa de tus Sueños

CAPÍTULO 9

Un Sueño es una Perla de gran Valor

El hombre pobre, el hombre rico, el hombre blanco, el hombre negro, todos tienen un sueño.-Moles Monroe

Yo, comparo la formación de un sueño con el de una perla. En una ocasión, escuche a una mujer hablar del hallazgo de seis perlas por su esposo un día de pesca. Ella, me contaba que su esposo las vendió y pudo pagar una gran deuda, pues una joyería pago 6,000 dólares por las atractivas perlas.

Esta conversación sobre el valor de las perlas y los diferentes tipos de ellas, así como del proceso difícil para encontrarlas, me lleno de curiosidad para investigar cómo y dónde se pueden obtener.

En la investigación realizada escuche historias de pescadores que han amasado fortunas por el hallazgo de perlas muy preciosas. ¿Como se forman las perlas? La perla está hecha del nácar, es un elemento duro que se encuentra en el interior de algunos moluscos y está compuesto de carbonato cálcico y de materia orgánica.

Una perla, se forma mediante un proceso de presión y dolor. Dicho proceso de presión, es un proceso biológico, donde la ostra al resguardarse o en su intento de protegerse de elementos que le hacen sentir dolor. Para ser más específico, los seres vivos son capaces de fabricar perlas, son llamados bivalvos, ya que sus conchas, están compuestas por dos partes que se unen, provocando una articulación donde el animal se cierra o se abre.

Ahora bien, hay dos momentos donde los bivalvos articulan las dos partes, se abre al momento de comer y se cierra para protegerse de los peligros externos. El organismo está cubierto por una fuerte concha que cubre todos los órganos, tales como: la boca, el músculo aductor y el manto.

Cabe destacar, que el manto crea el nácar de la perla y compone la concha, ambas tienen la misma sustancia. La concha, protege al animal y la perla embellece desde el interior, llamando increíblemente la atención de quien la descubre.

Cuando algún elemento intruso visita entre el manto y la concha, entonces se produce una acción de defensa intuitiva del animal usando el nácar, y si ese elemento intruso permanece alojado durante el tiempo suficiente, el animal se defenderá cubriendo con diversas capas de nácar hasta que la perla se forma.

Este proceso mencionado anteriormente, es un proceso de dolor de los animales bivalvos.

En efecto, la perla pasa por un proceso de cambio, transformación, dolor y sufrimiento. Se forma en medio de una lucha por defenderse de los intrusos, se molesta y rápidamente defiende lo suyo. Este dolor, sufrimiento y molestia, trae como resultado la formación de una hermosa perla.

Ese sueño que Dios puso en tu alma es una perla y la llamo la perla más valiosa.

Tal vez, has llorado, sufrido y hasta casi perdido la vida, pero recuerda que cada gota de lágrimas, cada momento de dolor, cada molestia en tu contra, es por cuanto has soñado y esa perla es tu sueño y tiene que cumplirse.

CAPÍTULO 10

La Sabiduría versus tus Sueños

La sabiduría es tener sueños bastante
grandes para no perderlos de vista mientras
se persiguen"- William Faulkner

Tus sueños y la sabiduría

Un sueño no puede mantenerse, hacerse real y cumplir su propósito sin la virtud de la sabiduría.

La sabiduría debe estar casada con el sueño, deben estar unidos para siempre. Por lo tanto, un sueño debe ser administrado con sabiduría, porque sin ella, un sueño puede herir en vez de sanar.

Soñar solo, es útil cuando se hace acompañado de los ejercicios que influencian con su cumplimiento y la realización del mismo.

Es muy importante aprender muy bien los ejercicios, para fortalecer los músculos de tu sueño.

El Doctor y Autor Mike Murdock, dice que la sabiduría es discernir la diferencia, José no solo tenía un sueño, sino que también tenía sabiduría, es decir, es saber que paso dar en un momento de desesperación sin afectar el futuro, tampoco el presente, es pausar, paralizarlos y enfocarlos en nuestro propósito.

Tener sabiduría no es tener conocimiento, es aplicar el conocimiento adquirido en las áreas correctas y en el tiempo propicio. Hay varias fuentes de sabiduría: la memoria y la multitud de consejeros. Cabe destacar que, la sabiduría también se obtiene por medio de la experiencia que se recibe por medio del dolor causado por los momentos difíciles y duros de la vida.

El mundo está lleno de grandes perfeccionistas, conocedores de diferentes artes, que escasean de sabiduría. Una persona con conocimiento sabrá producir dinero, pero una con sabiduría podrá multiplicar y ahorrar dinero.

Si no aplicamos los conocimientos adquiridos por los libros, los mentores y las experiencias vividas, entones la sabiduría estará ausente en nuestras vidas.

La ignorancia es un arma poderosa, utilizada por hombres y sistemas de cosas para controlar las masas.

Es imposible manipular y controlar a las personas que caminan con la virtud de la sabiduría ¿Cómo puede la sabiduría ayudar al cumplimiento de mis sueños? Soñar no es suficiente, es necesario trabajar duro y usar la sabiduría para cumplir esos sueños, ya que ella te empodera para saber qué hacer y cuando hacerlo, cómo hablar y cuando hablar, a donde ir y como ir, tener dinero y cómo usarlo, a pelear y como pelear.

En Asia, las personas ancianas son muy valoradas y atesoradas, porque la población ha reconocido que en la vejez hay cúmulo de sabiduría. Benjamín Hardy, aconseja que busquemos consejos en personas que nos llevan varias décadas, él dice en su libro "Jaqueando El Tiempo", que siempre pasa tiempo con personas mayores que él, recibe sus consejos y lo aplica en su vida.

CAPÍTULO 11

Los Sueños y la Autoridad

*Un sueño no se hace realidad mágicamente: se
necesita sudor, determinación y trabajo
duro. Colin Powell*

El Sueño y la Autoridad

L a autoridad, es la plataforma que nos permite ejercer
dominio. Es imposible cumplir o hacer realidad nuestros sueños, sino ocupamos esta plataforma. En el
sueño de José, el cual era el sueño de Dios, fue necesario e
imprescindible sentarse en la plataforma de la autoridad.

José, fue el Gobernador más importante de Egipto, y allí en
tan significativa posición, fue capaz de proteger en nombre de
Dios, la nación hebrea y la nación egipcia.

Cabe señalar, que José no solo ayudo a preservar las vidas
de sus hermanos, sino también a la nación hebrea y la egipcia,
donde floreció sus niveles más altos de economía, debido a que
hay sueños que solo desde una posición de autoridad se podrán
hacer realidad.

En el pozo, José fortaleció su carácter, en la cárcel desarrollo sudores, pero siendo el segundo más importante en mando, después del Faraón, pudo preservar toda una generación completa. Desde la plataforma de autoridad, José fue capaz de hacer realidad *sus* sueños, el cual también era el sueño de Dios.

Existen varias arenas, desde la cual podemos influenciar y hacer realidad muchos de nuestros sueños. Quiero presentarles esas plataformas y Usted podrá discernir en cuales áreas necesita crecer, para llegar a realizar sus sueños a toda plenitud.

1.-La Arena de la Política

La política, es una oportunidad para crecer y servir a tu país. José llegó a las posiciones más altas en ese ámbito.

Cuando hacemos el uso correcto de la política, podemos beneficiar por medio de nuestros sueños a millones de personas. Si José, no hubiera ocupado una posición política de influencia en Egipto, nunca habría logrado tanto a favor de la nación hebrea y la egipcia. La política, fue la más importante plataforma de autoridad para José cumplir sus sueños al más alto nivel de realización.

Cuando la política es abrazada por personas perversas, se pierde la esperanza de las masas y sueños se estancan, y nunca llegan a realizarse. Una de las cualidades de los soñadores, es la piedad y la convierten en compañera indispensable de sus vidas.

Muchas personas han sido víctimas de políticos malvados, que han crecido y desarrollado sus destrezas en sistemas de una política, que solo busca favorecer y enriquecer ilícitamente a individuos, olvidando el propósito primordial, la cual es servir a la nación y defender los derechos de *sus* habitantes.

Latinoamérica sufre la crisis más terrible que se haya realizado en la historia de la humanidad, se trata de una crisis política, basada en la decadencia moral en el liderazgo. Nuestros políticos se han convertido en bestias salvajes que asesinan la esperanza de los pueblos.

Debemos levantamos, creer, trabajar y forjar, mediante una reforma dirigida por soñadores piadosos, cuyo deseo es solo el de ayudar, servir y orientar. **"El deseo *de* todo soñador, más que lograr sus propios objetivos, *debe ser* servir a los demás".**

Solo desde una plataforma política, se pueden hacer realidad algunos sueños. Si tu sueño tiene que ver con traer cambios en tu nación, creo que encajas muy bien, si te decides a encaminarte en la arena de la política.

Comienza a acercarte a los mecanismos que existen en las comunidades, levanta tu voz, es tiempo de servir. Es difícil comenzar desde abajo, sin embargo, puedes ganarte el respeto y el aprecio de tu comunidad, puede que en el futuro llegues hacer el próximo presidente, primer ministro o rey de tu nación.

2.-La Arena de la Educación

La educación, es un pilar extremadamente importante, sin ello, nunca seremos libres de la ignorancia. Muchos emprendedores, autores y empresarios, ignoran la educación, apelando a que la gran cantidad de flujo de efectivo acumulado por su gran esfuerzo, no ha sido por causa de ningún título universitario, sino por sus talentos y arte de innovación.

Otros difieren y aconsejan, que la educación no debe ser ignorada, sino más bien atesorada en el camino a la realización de nuestros sueños. El dinero, no nos ofrece educación, al contrario, la educación puede llevarnos a muchas posiciones que nos coloquen en una posición que nos permita apalancar dinero.

Con respeto a la importancia de la educación, quiero citar a uno de los grandes pensadores del pasado Nelson Mandela, quien dijo: "la educación es el gran motor del desarrollo personal, es a través de la educación que la hija de un campesino puede convertirse en un médico, el hijo de un minero puede convertirse en el jefe de la mina, el hijo de un trabajador agrícola puede llegar hacer presidente de una nación".

El tipo de carrera que eliges, se determina por el tipo de sueño que llevas dentro. ¿Cuál es tu sueño? Entonces, puedes alinear tu carrera universitaria con el sueño que portas en el alma.

CAPÍTULO 12

El Sueño de Abel

"Si es bueno vivir, todavía es mejor soñar, y lo
mejor de todo, despertar"
Antonio Machado

El libro de Génesis, no nos ofrece mucha información sobre Abel, sino que era hijo de Adán y Eva. Sabemos que Caín y Abel trajeron una ofrenda delante de Dios, y aceptó con agrado la de Abel y rechazo la de Caín.

Yo creo, que Abel tenía un sueño y por esta razón su ofrenda no fue rechazada, sino que Dios la acepto y él fue grandemente honrado.

Como resultado de la bendición que Abel recibió por haberle creído a Dios y soñado con Él, Caín de inmediato comienza una persecución contra su hermano.

El plan de Caín, era matar el sueño de Abel, porque estaba confundido con la honra y bendición que marcaban los pasos de su hermano, porque no se trataba de Abel, se trataba de su sueño, el cual era el sueño de Dios.

Caín, idea un malicioso plan, destruir a Abel, logrando así desaparecer el cuerpo, desatando y cumpliendo el sueño de su hermano, que era pasar a una mejor vida con su Creador. La ofrenda de Abel, provoca un cambio en la atmosfera que lo hace llegar de una manera más rápida a la presencia de Dios.

El nombre de Abel (Hevel) significa aliento o efímero. Es necesario recalcar que Abel, era el mismo aliento de Dios, y ese aliento volvió a su origen.

El plan de Dios no es interrumpido con el asesinato de Abel, al contrario, esta situación ayudo a avanzar el propósito de Dios en la vida de él, puesto que su vida no le pertenecía y tampoco a la caída generación que ya estaba presente.

Abel (Hevel), el aliento mismo de Dios, gozaba de gran prosperidad, al igual que Caín, solo que él era un soñador que sabía honrar a Dios.

CAPÍTULO 13

Los Procesos de Tu Sueños

"Sólo es capaz de realizar los sueños el
que, cuando llega la hora, sabe estar despierto".
León Daudí

José y sus Hermanos (Génesis 37)

José, comenzó a sufrir, porque comenzó a soñar. Un sueño que no produzca sufrimiento, no es digno de ser llevado en el alma.

Para los que no conocen la historia de José, quiero presentarles quien era. Según el primer libro de las Sagradas Escrituras Génesis (Libro Judío de inspiración Divina) José, fue el menor de una familia hebrea. En algunos escritos antiguos egipcios, a José se le llama como un dios superior.

José, tenía 17 años, era el hermano menor, cuidaba las ovejas de su padre, y gozaba de su aprecio, pero no era así con sus hermanos, debido a que sufría el rechazo de ellos. Su padre Jacob, le había regalado una túnica de colores que lo distinguía de los demás, y ese trato único y especial, hacía que los hermanos de José se molestarán, sumado al espíritu superior y de excelencia que demostraba mientras crecía y desarrollaba sus sueños, "todo soñador carga con un espíritu superior y de excelencia".

Para Jacob, José era el hijo amado, para los hermanos el soñador, quien tenía la túnica de colores. Para ellos, José era un soñador que incansablemente contaba de su sano corazón los sueños que el Dios de los hebreos había sembrado en su alma.

El Corazón de José

El corazón de José, no se encontraba enfocado en cuidar las ovejas de su padre, sino aferrado a sus sueños.

Mientras duerme tiene dos sueños, los cuales estaban anunciando parte del propósito de Dios en su vida, la nación hebrea y la nación de Egipto.

José, cuenta a sus hermanos lo que había soñado, y como excelentes intérpretes, entendieron claramente que él, no siempre estaría cuidando las ovejas de su padre, sino que un día estaría en una posición mayor, entre personas muy influyentes.

Lo que debió alegrar a sus hermanos, entristeció, porque ellos no estaban preparados emocionalmente, para entender donde Dios posicionaba a José al pasar de los años. El error de José no fue contar su sueño, su error fue contarle a la gente equivocada.

La Gente Equivocada

Los sueños, no son para ser contados y mucho menos a la gente equivocada.

La gente equivocada, son aquellas personas envidiosas, de mal corazón, gente que no sueña, personas conformistas, esclavos de su ignorancia. Es la clase de persona que no aspira a nada grande.

Los sueños, no son para ser contados, sino "vividos y ejecutados".

La distancia entre tú y tu sueño se llama sufrimiento.

Existen tres (3) procesos, por los que todo soñador debe pasar para ver su sueño hecho realidad.

José, atravesó cada uno de esos procesos, saliendo victorioso al ver cumplir su sueño. Sin permitir que se dañe su corazón, cada uno de esos procesos, te hará entender el porqué de tantas circunstancias adversas en el camino del cumplimiento de sus sueños.

Antes de adentrarme a la explicación y definición de cada uno de estos procesos, quiero decirte que soñar es ser diferente, es sobresalir, ser único y dejar un legado.

Solo aquellas personas que se atreven a soñar, dejan huellas perpetuas en esta vida presente.

¿Cuál es tu sueño? ¿En qué consiste soñar? Todo depende de lo que quieres lograr en la vida, por ejemplo: ser presidente de tu nación, el cantante más popular, el mejor especialista en alguna área médica, quizás el más eficiente atleta, no importa lo que quieras logar en la vida, siempre que el fin, sea servir a los demás por medio de tus sueños.

Comprenda que, cuando Dios te coloco en la tierra lo hizo con un objetivo, para que contribuyeras a algo o con algún sueño, no debe ser solo para una persona.

Lo que hace especial tu sueño, son las personas que vas a buscar con tu sueño.

Las personas que van a salir de la mediocridad, mejoran sus vidas, y en ellas no existirá la palabra promedia. Serán personas que caminarán con excelencia, vivirán la plenitud de sus vidas, porque alguien se atrevió a cumplir sus sueños.

Nada que sea fácil valdrá la pena adquirir, pues lo que fácil se adquiere, no tiene valor. Hay personas que prefieren no soñar, porque saben el precio y el proceso que conlleva cumplir los sueños.

Soñar, tiene un precio y llevar a la realización de ese sueño un precio mayor, por eso los soñadores tienen vidas abundantes.

La abundancia de cualquier persona, comienza cuando nos atrevemos a cumplir con nuestros sueños. Dios tiene algo mayor para tu vida, por esta razón Él, puso un sueño en tu alma.

José, sabía que había algo extraordinario destinado para él, por eso decidió no solo soñar, sino salir en búsqueda de la realización de sus sueños.

Una vida con propósito, es una vida que cumple sus sueños.

La vida de un soñador, es una vida sin límites, el sufrimiento es el precio, sufrimiento que sería marcado por la traición, encarcelamiento, falsa acusación, el rechazo, caminar contra la corriente y dejarse llevar por ella.

José, era diferente, a veces caminaba contra la corriente y otras veces caminaba al fluir de las corrientes.

Tus Sueños Vs tu Actitud

Vas a salir triunfante, si decides cumplir tus sueños por encima de lo que atraviesas. Necesitarás una buena actitud. Lo que diferencia a las personas que cumplen sus sueños, con las personas que no logran nada, es la actitud, mantener la mirada arriba, aunque las circunstancias y las diferentes crisis te obliguen a mirar abajo.

Ahora bien, debes seguir soñando, aunque tus hermanos se burlen de ti. Hacer el bien, aun cuando fuimos heridos y a menudo rechazados. Seguir declarando que cada sueño que Dios puso en tu alma, lo vas a hacer realidad, porque Dios ha confiado en ti para lograrlo.

Puedes cumplir tus sueños, "tu actitud determina tus logros". No tomes nada personal, hay personas que llegan a tu vida solo para enseñarte como debes actuar, otros llegarán a tu vida para enseñarte a amar, aun cuando las circunstancias te quieran manipular para que tengas que odiar, independientemente cual sea la situación, no pierdas el enfoque.

Aprende a tener una buena actitud y te vas a ahorrar muchos momentos de amargura. José, nos enseña a sacar lo mejor de nosotros, aun cuando las personas más cercanas, seres que amamos, y no esperamos de ellos el mal, quieran destruirlo.

A continuación, quiero hablarte de los diferentes procesos que cada persona debe atravesar para hacer realidad sus sueños.

José, El sueño de la Esclavitud

Todo sueño pasa por el proceso de la traición. José, fue vendido como esclavo por sus propios hermanos, su dolor fue profundo al ser traicionado por su propia familia. Después de haber pasado su niñez, adolescencia, y parte de su juventud, ahora José pasa por el amargo proceso de la traición.

Sin embargo, José aprovecha cada momento difícil para florecer, crecer y desarrollar. Nadie conocía a José, sino sus propios hermanos y su padre. La traición se convierte en el enlace importante, para que este joven talentoso, fuera conocido por significativos mercaderes egipcios.

La traición, en la mayoría de los casos, nos separa de personas que nos importan, para conectarnos con personas que no nos conciernen, pero nuestro talento y carisma les interesa a ellos.

Además, te da acceso a aquellas personas que van a contribuir al cumplimiento de tus sueños. Sales de un grupo de personas que creen y valoran las críticas y persecuciones en tu contra, y entras a un grupo elite de personas, mentes maestras que se van a enamorar de tu talento, virtudes y dones, ignorando así todo tu pasado, que se aferran a tu presente, apuntando a tu futuro.

En ocasiones, cometemos el error de estancarnos, atados a ambientes, culturas y malos hábitos que se convierten en los enemigos de nuestra alma. ¿Por qué ignorar lo glorioso que podría ser nuestro futuro al salir al encuentro del cumplimiento de nuestros sueños? Porque nuestra tendencia humana, es aferrarnos a nuestra zona de confort.

José, es vendido por la gente que él menos esperaba, la traición trata de dañar su corazón, pero no permitió que la amargura y el rencor destruyeran sus sueños. No quiero producir tristeza en Usted, pero si está soñando y quiere hacer realidad sus sueños, vas a ser traicionado. Es imposible evitar la traición, cuando tienes un gran sueño que cumplir.

La traición no es tu final, es tu principio de gloria. José, fue expuesto a nuevos contactos, viajó a nuevos territorios y sobre todo entró a una nueva dimensión de oportunidades.

La traición, es el puente más cercano a tu destino, nos empuja y acerca a nuestro éxito, nos saca de las zonas de confort y nos lleva al terreno las dificultades, para que, así como los asiáticos, seamos capaces de descubrir nuevas oportunidades. La crisis son nuevas oportunidades disfrazadas de problemas.

José fue vendido como esclavo, pero él nunca creyó que lo era. No se limitó a las circunstancias, sino que creyó en sus sueños.

En una ocasión, le pregunté a mi mentor si en algún momento lo habían traicionado, y me contestó que siempre era traicionado por personas en las que él había invertido mucho tiempo. La gente que crece y prospera, siempre son personas traicionadas.

En la escalera del éxito, siempre estarás expuesto a la traición. José, fue vendido, pero su sueño se quedó con él. Un sueño no se vende, porque su precio es demasiado caro.

El origen de los sueños es divino, pues solo Dios, puede sembrar sueños en el alma del hombre. El instinto de supervivencia, el deseo de crecer, prosperar y llegar arriba, todos podemos lograrlo.

Un soñador florece en cualquier terreno o circunstancias. José, conocido ahora como el esclavo hebreo, sobresalió siendo el esclavo de más valor, el más talentoso por encima de los demás compañeros. "Todos eran esclavos, pero no todos eran soñadores".

Al ser traicionados, creemos que lo hemos perdido todo, ignorando que hemos sido provocados a encontrar el verdadero propósito de nuestra existencia, un propósito mayor, el cual es el cumplimiento de tus sueños.

Un sueño, no se detiene por las amenazas de las consecuencias de una traición.

Un sueño crece, se fortalece y se solidifica, cuando ha sido expuesto por el veneno mortal de la serpiente de la traición.

La tracción, es el fertilizante que prepara la tierra para que la semilla germinada en ella, pueda crecer y producir frutos al mil por uno.

El sueño, no es frustrado por una traición, al contrario, nos ayuda a cumplir con su realización. Los hombres más grandes que han dejado legado en todas las generaciones, han sido hombres traicionados.

Podríamos citar, el ejemplo del conocido Rey de los Judíos, nacido de una virgen, perseguido a carga de muerte desde que nació, anduvo libertando, haciendo milagros y salvando vidas, para luego ser vendido por uno de sus hombres más cercanos, el más importante, que ocupaba una posición administrativa, siendo el tesorero, el que se había ganado la confianza del Maestro, se atreve a venderlo a los enemigos más crueles.

La tracción de Judas, tuvo precio de 30 monedas de plata y fueron capaces de sustituir el amor de su maestro, pero gracias a su traición hoy el mundo puede ser salvo por él. Dios, puede utilizar cualquier circunstancia para que logres cumplir el propósito por el cual fuiste diseñado.

José, el Sueño y el Pozo
El Sueño estancado

El pozo, es uno de los procesos más frustrantes, del cual no escapamos en nuestro caminar al cumplimiento de nuestros sueños.

José, es lanzado al pozo, porque su hermano Rubén en su sano intento de no derramar sangre, propone que sea colocado en el pozo y así aliviar un poco la sucia conciencia de sus hermanos.

Todo soñador, emprendedor y persona de éxito, pasa por el proceso del pozo. ¿Qué se siente estar en el pozo? El pozo, es el momento o temporada cuando somos expuestos al estancamiento, a un lugar sin salida, es conocido como un lugar lleno de tinieblas.

El conocido Evangelista y Pastor Dionny Báez, le llama el cuarto oscuro ¿Cómo sacar provecho al pozo? En ese lugar, donde nadie desea estar, debemos reflexionar sobre el poder de Dios, que, si estamos ahí, es porque Dios lo permitió, y él tiene el poder de sacarnos de esa situación. El pozo, nos ayuda a poner nuestra entera confianza en Dios.

Dios, se convirtió en el Dios del pozo para José y luego se convierte en el Dios de los reyes, por medio de la persona de José. Aprende en el pozo, que tu pasado no puede permanecer en tu vida, el pasado solo sirve para dejarlo atrás, y usar las estrategias aprendidas en el pozo, para triunfar en el futuro.

En el pozo, se siente solitario, y la soledad duele, a su vez, el tiempo parece detenerse, pues la desesperación toma su lugar, porque en el pozo somos adiestrados a obtener y ser maestros del don de la paciencia.

El nivel de tu sueño, se determina por el tiempo que has pasado en el pozo. Cuanto más grande es el sueño, más profundo será el pozo, el estancamiento que se produce es frustrante, porque nadie quiere detenerse, sentirse sin esperanza y tener a la soledad como única amiga. Mantente enfocado, pues allí en el pozo, Dios quiere mostrarte su gloria, sin el pozo no podrás valorar tu sueño.

El pozo, te ofrece ese receso de tiempo, sin tener la necesidad de ser mortificado por tus enemigos. En el pozo, pensamos que ya todo se terminó. "Dios no permitió que te lanzaran en el pozo para dejarte morir, sino para sacarte de allí y llevarte a reinar al palacio".

José, el Sueño y la Cárcel

El sueño y la carcel

Uno de los pocos ejemplos de grandes pensadores, revolucionarios y dignatarios, que cumplieron sus sueños y que pasaron por el proceso de la cárcel antes de cumplir sus sueños, fue Nelson Mandela.

El revolucionario, pensador inimitable, increíble y sobrenatural Nelson Mandela, fue encarcelado injustamente por sus detractores, enemigos crueles que deseaban su muerte. Al pasar de los años, Dios le otorga gracia y favor, posicionándolo como la persona más importante de Sudáfrica, el presidente más popular de la región africana. Nadie más célebre e influyente que Nelson Mandela, ni antes, ni después.

El proceso de la cárcel no todos lo atraviesan de manera literal, pues existen cárceles espirituales, aún más fuertes y terribles que las cárceles físicas.

La cárcel, es un lugar donde se nos impide la libertad. José llegó a la cárcel y allí, no dejó de brillar. Vemos a un hombre diferente, no cuenta sus sueños, ahora él está interpretando los sueños de sus compañeros.

La cárcel, no es un lugar de atraso, es tu lugar de avance. José avanzó y desarrolló sus dones y talentos, no demostró una excusa para no crecer, pues allí también podemos florecer, pese a que sentimos que no podemos avanzar.

José nos enseña que los enemigos del alma podrán encarcelar tu alma, pero nunca tus sueños. Allí, encarcelado José pudo desarrollar y cumplir sus más ambiciosos sueños. Al mismo tiempo, fue el más valioso esclavo entre los esclavos, el más importante prisionero entre todos, y el más influyente de los gobernantes.

Entre sus hermanos, José no gozaba de gran fama, pero si tenía gran carácter. Su reputación la llevó a la cárcel, pero su carácter lo mantuvo en el palacio. Para muchos, la cárcel era el final de José, para Dios, era el centro de entrenamiento para que el nuevo José, ocupara la posición más importante en el gobierno egipcio.

Dios, usará la cárcel para madurar tú carácter, a tal nivel que puedas cumplir tu destino desde allí. En la cárcel tu alma tiene barrotes, pero tus sueños tienen alas. ¿A qué se parece esa cárcel? Se parece a no poder salir, a no poder avanzar, a estar distanciado de la gente que amas.

En la cárcel aprendes a guardar tus sueños para ti y ayudar a interpretar los sueños de los demás, vemos a José decidido a servir y aprovechar cada minuto para fortalecer sus dones y a afinar sus destrezas.

Si te gusto este libro:

Escribe una reseña en amazon.com

Comparte este libro en Facebook.com

Envíame un correo electrónico contándome cómo te ha ayudado este libro a:

Libros@ministeriosoedroluis.com ,

ministeriospedroluis@gmail.com

Vaya a Twitter.com y escribe:

Yo recomiendo que lean El Poder de un Sueño por @Pedroluisadamez y use la etiqueta (hashtag) #ElPoderdeunsueño